Lk 7 2664

HISTOIRE

ET DESCRIPTION

DES

ÉGLISES D'ÉTAPLES,

Par G. SOUQUET,

MEMBRE DE LA COMMISSION DES ANTIQUITÉS DÉPARTEMENTALES DU PAS-DE-CALAIS
ET DE LA SOCIÉTÉ DES ANTIQUAIRES DE LA MORINIE.

AMIENS.

Imprimerie de DUVAL et HERMENT, place Périgord, 5.

1855.

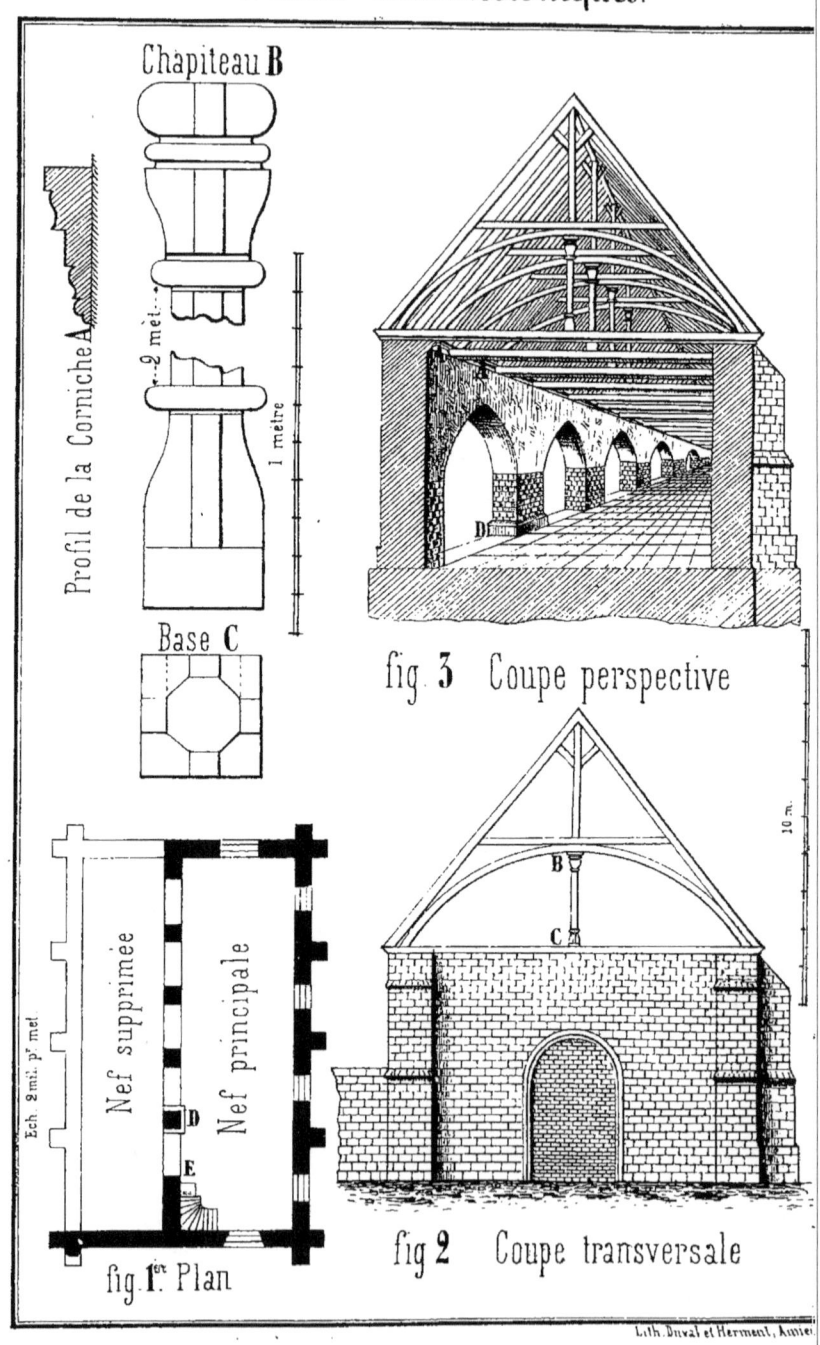

Description de l'Eglise Notre-Dame, par G. Souquet.
Détails Architectoniques.

HISTOIRE

ET DESCRIPTION

DES

ÉGLISES D'ÉTAPLES.

Etaples possédait autrefois trois églises : *Le St.-Sacrement*, *Notre-Dame-de-Foi*, *St.-Michel*.

LE SAINT-SACREMENT.

« Au milieu du marché de la ville d'Etaples, était une gra-
» cieuse Eglise sous le titre de St.-Sacrement, qui est tombée,
» faute de réparations, et a été démolie de fond en comble
» en 1634 (1). »

Les archives de cette Eglise, qui portent la date de 1580, nous apprennent qu'elle était, à cette époque, érigée en chapelle, sous la direction de M. Nicaise Merchier, prêtre chapelain ; qu'elle possédait de beaux revenus, entre autres le fief de Peuvillon, de Leturne et de Trespied-sous-St.-Josse ; qu'elle

---

(1) *Histoire de Boulogne et de son Comté*, par Philippe Luto, MS. de la Bibliothèque de Boulogne, p. 20.

payait une rente au Roi, à cause de son château d'Etaples, et des droits seigneuriaux aux seigneurs de Fromessent, de Rombly, d'Herselaine et des Escollatres.

Les archives de la paroisse constatent, dans le compte du Marguillier de 1696, que « les rentes de l'ancienne Chapelle
» du St.-Sacrement ont été annexées à la Fabrique de l'église
» St.-Michel, par ordre de Monseigneur Boutillier, évêque
» de Boulogne, en date du 15 septembre 1640, et sur le con-
» cordat des mayeurs, échevins et des principaux habitants,
» à cause de la ruine et démolition de cette chapelle devenue
» interdite, profanée et d'ailleurs inutile. »

NOTRE-DAME-DE-FOI.

L'Eglise de Notre-Dame-de-Foi était située au nord de la ville, dans le quartier habité par les marins, près d'une ancienne fortification nommée Les Cronquelets. Aussi Luto la désigne-t-il sous le nom de Ste-Marie-du-Kroquet, « parce
» qu'elle est sur la croupe d'une petite montagne. »

Dom Grenier dit qu'elle était autrefois dédiée à Saint Nicolas (1).

Ces deux auteurs assurent qu'originairement elle était Eglise paroissiale.

Il paraît que ce saint était en grande vénération dans ce pays. En effet, une sculpture en bois, représentant Saint Nicolas, se trouvait dans cette Eglise. Cette image fut mise en lieu de sûreté par le zèle d'un particulier à l'époque de la fermeture des églises. Elle est aujourd'hui en la possession d'un

---

(1) Remarques sur les Antiquités de la ville d'Étaples, par Dom Grenier, MS. de la Bibliothèque Impériale, paquet 2, n.° 17.

habitant d'Etaples, à qui un antiquaire en offrait dernièrement 50 fr.

L'image de ce saint est représentée sur la cloche de l'Hôtel-de-Ville, dans un médaillon entouré de guirlandes de feuilles au-dessous duquel on lit l'inscription suivante :
S. NICOLAVS.

C'est le jour de Saint-Nicolas qu'à lieu annuellement la foire d'Étaples.

Les archives de la paroisse Saint-Michel constatent :
« qu'avant la réunion des deux cures et paroisses en une
» seule, elle était autrefois Eglise de paroisse. Elle était
» composée de deux espèces de nefs, jointes l'une à l'autre
» par une gouttière qui recevait les eaux des deux combles.
» En 1701 la nef du nord était tombée en ruine. Elle fut
» démolie. On se servit alors des matériaux pour entourer
» de murailles le jardin du presbytère, attenant à la nef
» conservée (1). »

Ce qui resta de l'ancienne Eglise ne fut plus qu'une chapelle dédiée à Notre-Dame-de-Foi. Elle fut vendue comme propriété nationale en 1793, et forme aujourd'hui plusieurs habitations particulières.

Une vue d'Etaples, dessinée en 1660, que j'ai en ma possession, représente en effet ce monument avec une seule nef, au milieu et au-dessus de laquelle s'élève un clocher d'une forme carrée, percée de deux ouïes en plein cintre, du côté sud et est, ce qui fait supposer que les autres faces étaient également percées d'une double ouverture. Ce clocher est terminé par une flèche également de forme carrée, surmontée d'une croix ; il était construit en bois et posé sur la charpente de l'édifice. Il fut démonté en 1817.

---

(1) *Cœuilloir des rentes les plus anciennes de la paroisse*, p. 63.

Pour rendre plus intelligible la description de cette Église, j'ai ajouté à cette notice une lithographie contenant quelques détails architectoniques.

L'orientation de cette Église est de l'ouest à l'est.

La longueur totale dans l'œuvre, est de . .	24^m,80^c
La largeur de la nef principale est de . . .	7 75
La largeur de la nef supprimée, comme on peut le reconnaître par la distance des fondations de l'ancien mur septentrionnal, était de. . . .	5 70
Les murs ont une épaisseur de.	1 10
La hauteur des murs sous poutres est de . .	6 00
Celle des combles est de.	6 50

Les murs extérieurs et les contreforts sont en grés.

Le portail, placé à l'ouest, s'élève en plein cintre sans aucune espèce d'ornementation. Il a 4^m de hauteur sur 2^m,20^c de largeur. Il est muré depuis plusieurs années. Il n'est pas placé exactement au centre de la façade : il est plus rapproché de l'angle sud, afin de laisser, entre le portail et l'angle nord, une largeur de 3^m,20^c pour donner place à un escalier en pierres qui a été remplacé, depuis la vente de cet édifice, par un escalier en bois qui conduit à un étage établi dans la hauteur de la nef.

De toutes les fenêtres, il n'existe aujourd'hui que l'encadrement de celle qui éclairait le chœur, au fond duquel elle était placée. Cet encadrement est formé d'une simple moulure en pierres blanches, et présente au-dessus de son cintre un demi-cercle tant soit peu tronqué. Elle a 7^m de hauteur sur 2^m,20^c de largeur.

On aperçoit à gauche de cette fenêtre, une petite ouverture longue et étroite, destinée probablement à aérer les combles.

Un mur percé de cinq arcades séparait les deux nefs, (fig. 1 et 3). Lorsqu'on supprima la nef du nord, ces arcades furent fermées par une maçonnerie en pierres blanches, en sorte que cette chapelle ne reçut plus la lumière du côté du nord. On les distingue encore aujourd'hui, tant intérieurement qu'extérieurement, ainsi que les piliers sur lesquels elles reposent. Elles sont de forme ogivale. Elles ont 4^m,50^c de hauteur sur 3^m de largeur. Il y a cinq piliers dont les deux extrêmes sont cohérents, l'un au mur du portail, l'autre au mur du chœur. Le premier de ces piliers a 3^m,50^c de longueur, à cause de la profondeur de l'escalier placé dans l'angle formé par ce pilier et le mur du portail; les quatre suivants ont chacun 1^m,20^c de largeur; le cinquième a 1^m,40^c de largeur. Ils ont tous 1^m,15^c d'épaisseur. Ces piliers sont en grés, et le reste du mur en pierres blanches. Le deuxième pilier a deux des faces de sa base entourées d'un massif en pierres plates sur lesquelles plusieurs personnes peuvent s'asseoir commodément (D).

Il est probable que ce massif entourait primitivement les quatre faces de sa base et servait de banc. Les autres piliers n'ont conservé aucun reste de ce massif, par suite des changements faits par les propriétaires. Ces bancs n'étaient pas particuliers à ce monument, puisque M. de Rheims, dans sa *Description de Notre-Dame de Calais*, nous apprend qu'on voyait autrefois dans son église des *sedilia* ou sièges ménagés dans l'épaisseur des murs.

Dans l'intérieur de l'Église, le haut des murs est encore recouvert d'une corniche en bois de 0^m,40^c de hauteur. Elle est interrompue dans les endroits où les têtes des poutres passent dans les trumeaux (AA).

L'Église était pavée de carreaux de terre rouge, ce qu'on peut vérifier encore aujourd'hui en certaines places où ce pavé est demeuré intact. Une grande partie des carreaux a été employée à paver les habitations particulières établies dans cet édifice. A côté du premier pilier, le pavé est remplacé par une pierre tumulaire en gré de $0^m,60^c$ de longueur sur $0^m,40^c$ de largeur (E). On y lit l'inscription suivante, en lettres romaines : MIL.

Sous l'arcade du 1.er et du 2.me piliers se trouve, à la place du pavé, une autre pierre tumulaire également en gré, dont les caractères sont indéchiffrables.

La charpente qui couvre la nef existante se compose de dix fermes dressées transversalement, au droit de chaque pilier résistant de la construction.

Ce qu'il y a de plus remarquable dans ces fermes, ce sont les poinçons (B C), qui ont la forme de véritables colonnes octogones avec bases et chapiteaux, sans aucune sculpture. En voici les dimensions :

    Base . . . 0 48 ⎫
    Fût . . . 2 00 ⎬ Hauteur . $2^m,94^c$.
    Chapiteau . 0 46 ⎭
    Diamètre. . . . . 0 26^c.

La nef est voûtée en bois. (Fig. 3 coupe perspective).

Cette voûte en plein cintre laisse apparaître les entraits et les poinçons. Elle se compose de 10 arcs placés à $0^m,40^c$ de distance les uns des autres. Ces arcs n'ont aucun revêtement, en sorte qu'ils laissent voir, dans leurs intervalles, l'intérieur des combles. Cette voûte peut être comparée à la cale d'un navire renversé.

Au-dessus du chœur, les intervalles existant entre les arcs étaient remplis de planchettes de $1^m,10^c$ de long sur $0^m,17^c$ de large, en sorte que la voûte du chœur était pleine et ne laissait plus voir l'intérieur des combles.

Cette Eglise possédait une cloche qui fut vendue avec le bâtiment. L'acquéreur la cacha pendant la révolution de

1793, et en fit présent à l'église Saint-Michel en 1808. On y lit l'inscription suivante :

MESSIRE ROBERT-NOEL DESCARRIÈRE, CHAPELAIN DE LA CHAPELLE DE NOTRE-DAME-DE-FOY. DE BAYNASTE, ESCVYER, SEIGNEVR DE PVCELARD, PAREIN, ET DAMOISELLE SVSANNE LENNE, ÉPOVSE DE NICOLAS DVMONT, ESCVYER, SEIGNEVR DE SOVATLLÉ, MAREINE. ANTOINE WIAR, ANTIEN MAYEVR, SINDIC DE LA CHAPELLE. CHARLES TVEVX, MARGVILLIER. JE SVIS NOMMÉE SVSANNE HONORÉ.

VIRGO FIDELIS, ORA PRO NOBIS.

PIERRE CHAPERON.

FAIT EN 1714.

Les archives de Notre-Dame-de-Foi ne remontent qu'en 1628. Elles constatent ce qui suit :

Cette chapelle était sous la direction d'un chapelain élu en assemblée générale par le syndic, le marguillier et les maîtres-pêcheurs, et agréé par Monseigneur l'Évêque de Boulogne (1).

Le traitement, le logement du chapelain, ainsi que tous les frais nécessaires à l'entretien et au service de ladite chapelle étaient payés sur le revenu des biens qu'elle possédait, sur le produit du poisson que « donnoient les pes- » cheurs à tous les démarrages (2), et sur un droict de feu » de quatre livres auquel se soumettoient volontairement » les capitaines des bastiaux étrangers qui entroient dans » le hasvre, soit par motif de piété, soit pour contribuer » à l'entretien du feu. » Ce feu était un phare qu'on tenait allumé toute la nuit dans la tour du clocher, lorsque les pêcheurs étaient en mer (3).

(1) Registre de 1695 à 1760.
(2) Comptes de 1640 à 1760.
(3) Registre de 1695, page 6.

Voici la liste des Chapelains de Notre-Dame-de-Foi, depuis 1629 jusqu'à 1763.

1629. Noël G**ressel**.

1636. Nicolas P**luart**.

1648. Toussaint W**iart**.

1663. Jean H**urtel**.

1669. B**londel**.

1693. C**lément**.

1695. François M**artin**.

En cette année, il fut passé un traité entre le Syndic, le Marguiller et les Maîtres-pêcheurs, d'une part, et François Martin, d'autre part; par lequel les premiers dénommés s'obligèrent à payer annuellement audit chapelain un traitement de 80 livres, et une contribution de 4 liv. par grand bateau et de 2 liv. par petit bateau. De son côté, le chapelain s'engageait à célébrer la messe tous les dimanches à l'intention desdits pêcheurs, à dire une messe tous les lundis pour les trépassés, et une autre tous les samedis pour l'intercession de la Ste Vierge.

Martin fut nommé en 1764 chapelain des Dames religieuses de St.-Dominique, à Calais.

Il eut pour successeur :

1704. **Charlemagne** L**ardé**, qui passa un traité le 3 janvier 1704, par lequel son traitement fut élevé à 87 liv. et la contribution des petits bateaux portée à 3 liv. Il s'engagea à dire un service à chaque décès d'un pêcheur ou de sa femme, en échange d'une messe de trépassé, et de chanter les vêpres pendant l'octave de la Purification.

Sa mort amena la nomination de :

1704. Charles HAMEREL, prêtre de la paroisse St.-Michel d'Etaples, qui souscrivit les mêmes engagements, le 20 septembre 1704.

A sa mort, il fut remplacé par :

1710. François SALEMPIN, qui s'engagea à desservir cette chapelle pendant un an seulement, par acte du 13 janvier 1710.

Nommé prêtre de la paroisse de la basse-ville de Boulogne, il présenta pour continuer ses fonctions de chapelain :

1710. Jean BAUDELICQUE, qui fut agréé le 5 juillet 1710.

Jean Baudelicque eut pour successeur :

1713. Robert-Noël DESCARRIÈRE, très digne prêtre de Samer. Il mourut en mai 1724, laissant une rente de 100 liv. à cette chapelle qu'il desservit pendant onze ans consécutifs.

On ne lui connut pas de successeur.

Les Administrateurs de Notre-Dame-de-Foi présentèrent une requête à M.gr l'évêque de Boulogne, en mars 1730, pour lui exposer que « les malheurs » dont les pêcheurs étaient accablés depuis quel- » ques années ne leur permettaient plus de subvenir » au traitement d'un chapelain et qu'ils suppliaient » Sa Grandeur de vouloir bien faire desservir leur » chapelle par le vicaire de la paroisse, en atten- » dant une époque plus heureuse. »

Cette demande leur fut accordée, par mandemande de M.gr Jean-Marie Hanriot, donné le 10 avril suivant.

1738. Louis-Josse LECAMUS accepta le titre de chapelain, par acte du 5 janvier 1738, moyennant un traitetement de 150 liv. aux conditions exprimées dans les précédents traités.

Il eut pour successeur :

1738. Moffet, qui céda cette charge le 6 mars 1739, à :

1739. De Canchy. Par acte du 23 septembre 1742, les capitaines des navires marchands du port d'Etaples,
« voulant succéder aux pieuses intentions de leurs
» pères, vivants maîtres de bateaux-pêcheurs, et
» matelots bienfaiteurs de la Chapelle de Notre-
» Dame-de-Foi, leur protectrice et la leur, et imi-
» ter le pieux zèle des matelots de cette paroisse
» qui se trouvent hors d'état, par la misère du
» temps, de payer seuls l'entretien de leur Eglise et
» le traitement du chapelain, s'engagent à verser
» entre les mains du marguillier 6 fr. après chaque
» voyage. »

1742. Charles-Nicolas Lebel, nommé par acte du 3 septembre 1742. Son traitement est fixé à 160 fr. — Outre les conditions dont nous avons déjà parlé, il est fait mention dans le traité d'un « pieux usage » qui consiste à chanter tous les jours le *Salve*. »

Il eut pour successeur :

1744. Denis Monard, qui fut remplacé par :

1746. Jacques Duflos. Il conserva cette fonction jusqu'à sa mort, qui eut lieu en 1763.

A partir de cette époque, le service divin fut fait par les curés de la paroisse, la marine s'étant trouvée dans l'impossibilité de faire les frais d'un chapelain.

« Il existait dans cette chapelle une image miraculeuse de
» Notre-Dame-de-Foi. Elle a été apportée, le 2 février 1628,

» par M. de Fafemont, jésuite, mort à Doye (Douai), en odeur
» de sainteté. Il était le frère aîné du S.ᵍʳ d'Hilbert. Cette
» image venait d'un arbre dans lequel on avait sculpté aussi
» celle de Notre-Dame-de-Foi, qui était en grande vénéra-
» tion dans le Hainaut. Il voulut qu'on lui chantât un *Salve*
» fêtes et dimanches: c'est en commémoration de cette date
» et contrairement à la pratique universelle de l'Eglise que
» ce jour-là on célébrait annuellement une octave ou une neu-
» vaine (1). »

Cette octave n'a plus lieu, mais on a conservé l'ancien usage de chanter un *Salve Regina* à la fin de chaque messe que font célébrer les marins dans l'Eglise Saint-Michel à l'autel de Notre-Dame-de-Foi.

Cette vierge fut sauvée des flammes révolutionnaires par M. Bigot, ancien marin, aujourd'hui octogénaire. Aussitôt que l'Eglise Saint-Michel fût rendue au culte, M. Bigot remit cette sainte relique à M. Wavran, curé de la paroisse, qui la fit placer sur l'autel dédié à Notre-Dame-de-Foi, où elle est encore aujourd'hui.

En 1699, Susanne Lesne, veuve de Charles Dauphin, mayeur, obtint le privilége de placer un prie-Dieu au milieu de la nef de Notre-Dame, pour elle seule et jusqu'à sa mort, en souvenir de la donation de 60 livres de rente qu'avait faite son mari à la fabrique.

Elle était riche d'*ex-voto*. Un inventaire de 1703 constate que, entre autres objets, elle possédait deux colliers d'agate, ou autre matière, l'un blanc, l'autre bleu, un troisième garni de grains d'or, en écailles ou burlots, avec une petite croix en argent, à larmes pendantes, trois croix, un Saint-Esprit et un collier de 40 écailles avec une larme en or, etc.

---

(1) Tradition recueillie par Martin, chapelain en 1703, et consignée sur les registres de cette chapelle de 1628.

On voyait aussi dans cette chapelle, une autre image de la Vierge qui avait été offerte le 16 avril 1706 par MM. Pighau, Derigson, Grisel et autres armateurs de Calais. Elle avait été trouvée dans un vaisseau hollandais pris par le sieur Godouin, capitaine de corsaire, appartenant auxdits armateurs. Le procès-verbal rédigé en cette occasion, nous apprend qu'une messe en actions de grâces fut célébrée le lendemain par M. Hamerel, prêtre et chapelain.

En 1751, d'après le témoignage des archives, Charles Wyart, dernier de ce nom, chevalier de Saint-Louis, capitaine de cavalerie au régiment de Bellefont, « dont la pieuse » générosité ne le cédoit pas à celle de ses ancêtres, fit présent » à ladite chapelle d'ornements en damas et de deux burettes » avec leur plateau en argent aux armes du donateur. »

Tel était cet ancien édifice, d'après ce qui en reste aujourd'hui, d'après une vue de 1660, et d'après les archives existantes.

Je le regarde comme un monument d'architecture romane, et je pense que sa construction est antérieure à la date de MIL, abrégé de *millesimo*, gravée sur la pierre dont j'ai parlé page 8.

SAINT-MICHEL.

Il ne reste donc aujourd'hui qu'une seule Eglise paroissiale sous l'invocation de Saint-Michel.

Pour rendre plus sensible ce que j'ai à dire de cet édifice, je joins à ma description deux plans, dont l'un la représente telle que je conçois qu'elle a dû être primitivement (n.º 1) et l'autre telle qu'elle est de nos jours (n.º 2).

Cette église offre le caractère du style roman, formé du plein cintre et de l'ogive.

La date de sa construction est gravée en caractères romains

Description
de l'Eglise S.t Michel d'Etaples,
Par G. Souquet.

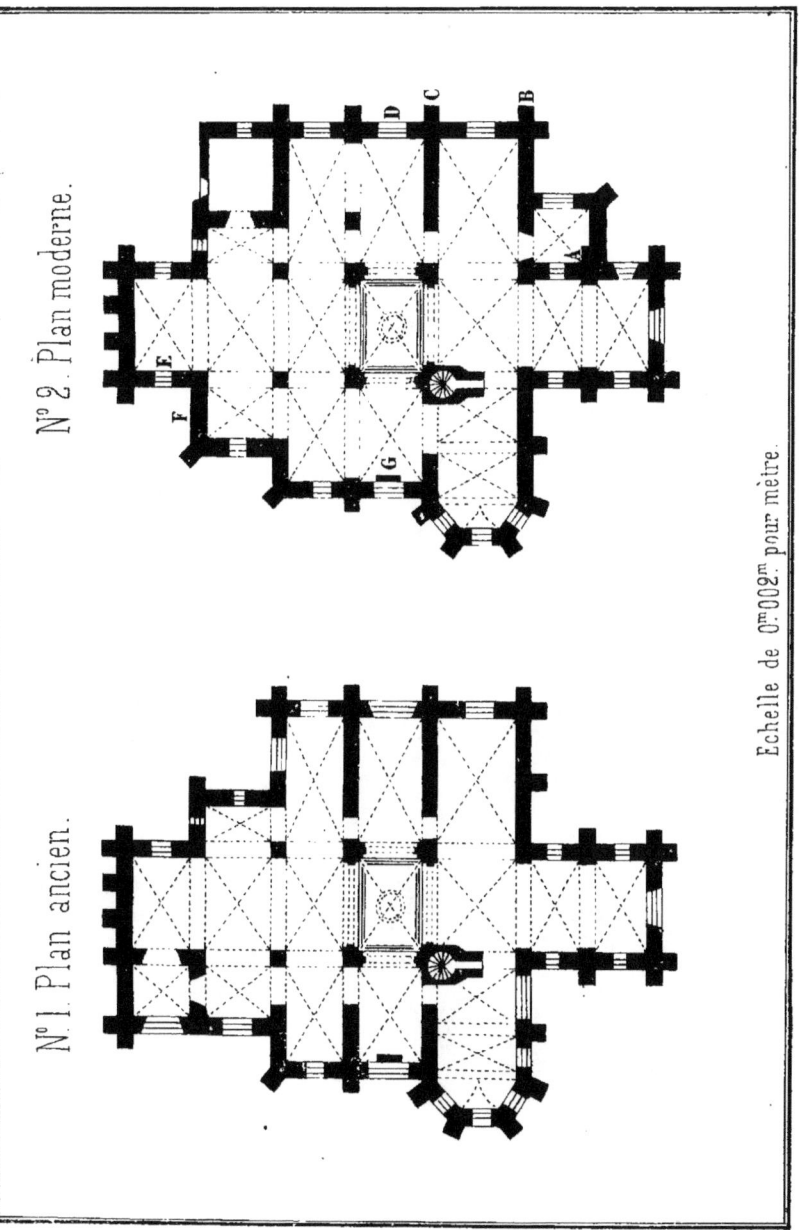

N° 2. Plan moderne.

N° 1. Plan ancien.

Echelle de 0.m 002m. pour mètre.

Lith. Duval et Herment Amiens.

sur le premier pilier de gauche de la nef ; on y lit l'inscription suivante :

```
         o      o   ___              ___
      · AN · MIL · qAtO · I-EC ·
            ___
         FVit · ECCSA · Ab ·
               ___
         ANεLiS · EDIF TA ·
```

Il est certain que, d'après le témoignage des Anglais qui visitent l'Eglise d'Etaples, elle a beaucoup d'analogie avec celles de la même époque qui existent encore en Angleterre. Ne peut-on pas interpréter le mot AB ANGLIS par cette idée que des Anglais, habiles ouvriers en architecture, ont pu être chargés de la construction de ce monument sur le même modèle que ceux qu'on bâtissait dans leur patrie ?

Luto, dans l'ouvrage cité plus haut, page 291, donne l'explication suivante sur cette inscription :

« Il vint à Etaples une colonie d'Anglais qui, se voyant
» maltraités des peuples de Danemarck, lesquels, avec leur
» roi Suénon, faisaient des ravages étranges en Angleterre
» vers l'an 983, furent obligés d'abandonner leur pays et de
» passer la mer pour chercher ailleurs quelque établissement.

» Ils prirent terre à l'embouchure de la Canche ; et, ayant
» trouvé le lieu propre pour s'établir, ils s'y arrêtèrent.

» Il n'y avait alors en cet endroit qu'une petite chapelle ;
» mais le peuple, s'y étant multiplié en peu de temps, on y
» bâtit bientôt après une Eglise plus considérable, qui fut
» dédiée à Dieu sous l'invocation de l'archange Saint-Michel.
» Ce fut apparemment l'évêque Baudouin, qui gouvernait le
» diocèse, et qui s'appliquait de son côté à rétablir dans le
» même temps son église cathédrale de Thérouanne, qui cé-
» lébra cette dédicace. Cette église Saint-Michel fut édifiée
» en l'an 1004 par ces Anglais qui s'étaient répandus dans
» le Boulonnais, lesquels étaient des ouvriers de différentes
» professions, qui en furent chargés ; ce qui est justifié par
» une inscription antique qu'on voit dans cette Eglise, gravée
» sur une pierre d'un des pilastres qui soutiennent la tour et
» le clocher, et qui est du côté gauche. Vers la chapelle de
» Saint-Jean on voyait encore, il n'y a pas longtemps, dans
» l'intérieur, la date de 1004 figurée en caractères de chiffres
» comme on me l'a assuré sur les lieux. »

La tradition encore subsistante fait connaître que le chœur de cette Eglise fut construit par les moines de l'abbaye de Saint-Josse.

On sait que cette abbaye possédait à Etaples un grand domaine qui s'étendait depuis les bords de la Canche jusqu'à la terre désignée encore aujourd'hui sous le nom du Champ de Saint-Josse, dont l'avait gratifiée en 650 l'épouse de Déochtrique, successeur d'Haymon (1).

---

(1) *Pro munere Placationis Villam proprietatis suæ nomine Crispaniacum et in aliis locis etiam dedit ultra Quantiam fluvium, simul rura non pauca.*

Bollandianus XVI Junii, p. 519.

Ce terrain comprenait évidemment celui sur lequel étaient bâtis l'église et le château d'Etaples.

Aux termes d'une charte de 1172, cette abbaye recevait annuellement 10,000 harengs en échange du terrain sur lequel s'élevait le château d'Etaples, ainsi que des terres qui étaient du domaine de Saint-Josse (1).

Cette abbaye avait aussi « un droit de comté, depuis » Etaples jusqu'auprès de Montuuis et Saint-Aubin, » que lui avait donné le comte de Ponthieu, Guy II, en 1091, en actions de grâces de la naissance d'Agrès, sa fille (2). « Elle » avait aussi droits de justice à sang et à ban sur les larrons, » et le privilége de la pêche dans les rivages de l'Océan qui » envoisinaient l'abbaye et dans les eaux de la Canche (3). »

Elle avait également obtenu d'Arnoult d'Etaples, la dîme de cette paroisse, qui lui fut confirmée en 1238, par Baudouin, chevalier, Mathilde, son épouse, fille d'Arnoult, et Eustache, son fils (4).

Les minutes de M. Becquet, notaire, constatent que les moines de Saint-Josse étaient les gros décimateurs de la paroisse, et qu'à ce titre ils payaient, en 1774, au curé d'Etaples une portion congrue de 500 livres.

Ces particularités, jointes à l'arrêt du Parlement de Paris du 31 août 1686, cité page 23, peuvent expliquer la tradition dont je viens de parler.

Son orientation est celle qui se fait remarquer dans la plupart des anciennes églises; le chevet est à l'orient et le portail à l'occident.

La seule porte ouverte aujourd'hui est celle du portail, composée de deux pieds-droits en retrait, soutenant un plein

---

(1) *Cartulaire de St.-Josse aux archives du Pas de-Calais*, page 101.
(2) *Vie de St.-Josse*, par Abelly, page 91.
(3) *Cartulaire de St.-Josse*, page 3.
(4) *Cartulaire de St.-Josse*, page 113.

cintre vitré, surmonté d'un arc ogival à double boudin et encadré d'un cordon qui descend à la naissance de l'arceau pour serpenter horizontalement autour des murs et des contreforts de l'Eglise.

Au-dessus du portail est percée une rose d'un diamètre de deux mètres, dont les vitraux de couleur sont modernes.

Plus haut se trouvaient primitivement deux fenêtres géminées de 1^m,20^c sur 0^m,65^c en plein cintre. Celle de droite a été bouchée par une maçonnerie qui en détruit la symétrie.

L'Eglise est construite en pierres blanches. Les soubassements sont en grés. Les contreforts sont adhérents aux murs; deux sont entièrement en grés. Je les ai distingués dans le plan par les lettres B. C. Tous les autres ont été réparés en briques.

Les fenêtres ayant été toutes élargies, exhaussées ou rétrécies, les portes latérales supprimées, il n'est possible d'en décrire la forme et l'emploi que d'après les traces qu'on retrouve sur les murs extérieurs.

Il faut faire remarquer que la première construction à droite, servant aujourd'hui de fonts baptismaux, est une addition faite dans un temps déjà très-reculé (A).

La façade du midi a sept ouvertures. A la place de la quatrième fenêtre il existait une porte de 2^m,20^c de largeur sur le cintre de laquelle s'élevait une fenêtre divisée en 4 compartiments par une croix en pierres (D). Cette porte donnait entrée dans le transept et se trouvait « en face d'une petite rue
» supprimée, nommée Saint-Hubert, qui aboutissait à la rue
» de Montreuil, vis-à-vis une fameuse hostellerie appellée
» maison Saint-Hubert, et plus anciennement le Respy (1). »

Cette porte fut fermée pour former la chapelle Ponponne, « ainsi nommée parce qu'elle fut édifiée, selon toute apparence,

(1) *Cœuilloir des rentes*, page 8.

» par les nommés Ponpon, dont on a vu les mémoires; » elle fut dédiée en 1703 à saint Pierre, quand il y fut transféré de la chapelle Saint-Hubert (1).

Des ouvriers, chargés de réparer l'Eglise, viennent de mettre à découvert l'inscription suivante gravée sur la rosace de la voûte de cette chapelle :

IAI ESTE FAIT DV DROIT DV BOVRGOIS.
MARC BAVDELICQVE 1702.
LECAT. LEVECQ. SANIER. ANIÉRÉ.

La façade du nord a neuf ouvertures. Les deux premières sont deux fenêtres à ogive trilobée.

La sixième fenêtre avait autrefois une largeur de $2^m,90^c$. Elle était de la forme de celle qui lui fait face. Elle éclairait le transept.

Au-dessous de la neuvième ouverture s'ouvrait une porte à plein cintre de toute la longueur du mur donnant entrée au sanctuaire (E). On remarque encore dans les angles deux culs de lampes. Une porte s'ouvrait aussi dans le mur triangulaire du fond du bas-côté du chœur (F), ce qui fait présumer que la sacristie se trouvait en cet endroit ; la forme des deux portes et les culs de lampes ne pouvant donner lieu à d'autres suppositions. Ce qui vient à l'appui de cette opinion, c'est la découverte faite en 1824, d'une pierre gravée intérieurement dans le mur et portant pour inscription : S T GODVIN 1611. C'est-à-dire *Sacravit Goduin*, qui prouve que cette porte fut bouchée pour y consacrer un autel aux Agonisants, et qui depuis quelques années seulement est dédié à la Vierge.

Le Registre de Catholicité n.° 1 constate cette consécration dans un procès-verbal du 1.er mai 1611, où l'on voit que sire Guillaume Goduin, natif d'Étaples, a chanté sa première messe dans cette Eglise, assisté de maistres Jean Grumel et Pasquier

---

(1) *Cœuilloir des rentes*, page 120. — Registres de Catholicité, 26 janvier 1695.

Reculle, son cousin, tous deux curés de cette paroisse, et de plusieurs autres prêtres des villages voisins et en présence des mayeur et échevins de la ville d'Étaples.

Les toits sont couverts en tuiles.

Une tour octogone s'élève sur les quatre piliers placés au centre de la nef. Chacune des huit faces est percée d'une ouïe à plein cintre. A chaque naissance d'arcs un cordon serpente autour de la tour en se recourbant en archivolte pour reprendre la direction rectiligne.

Plusieurs des trumeaux qui séparent les ouïes ont été réparés en briques jaunes et rouges, ce qui forme, avec la blancheur de la pierre, une bigarrure choquante.

La tour est couronnée d'un dôme, également octogone, couvert en ardoises en partie festonnées. Elle est surmontée d'une boule qui supporte une croix dont les bras sont tournés, l'un à l'est, l'autre à l'ouest.

Une vue d'Etaples, dont j'ai parlé page 5, représente la tour flanquée de quatre clochetons et entourée d'une galerie.

D'après les souvenirs d'un octogénaire, qui exerce encore les fonctions de bedeau, ces clochetons auraient été supprimés en 1773, ainsi que la galerie extérieure placée à la naissance de la tour. En effet, les archives de 1773 et 1774 nous apprennent « qu'un pan de parement de la tour étant tombé sur
» le toit de la nef, y fit une brêche considérable d'environ
» dix toises et qui obligea la fabrique à réparer la tour et à
» supprimer la galerie qui était alors dans un tel état de dé-
» gradation, que les eaux pluviales filtraient à travers la
» voûte qu'elles endommageaient beaucoup. »

Après avoir descendu une marche, on aperçoit avec admiration l'autel, riche de ses belles boiseries en chêne, brunies par le temps, le chœur entouré de stalles, la nef séparée des bas-côtés par des piliers massifs, flanqués de pilastres soutenant les nombreuses nervures des voûtes entrecroisées et fortement dessinées. L'ensemble de cette vénérable construction a un aspect sombre et religieux.

Voici les dimensions en détail de ce monument.

Hauteur sous voûte de la nef.	7ᵐ 80ᶜ
— — des latérales . . .	7 40
— du pavé à la croix du clocher . . .	29 80
Longueur dans l'œuvre	36 30
— — des transepts . . .	22 60
Largeur de la nef du chœur.	7 40
— — des transepts	4 70
— des latérales de la nef, à droite . .	8 20
— — — à gauche . .	6 00
— des bas-côtés du chœur, à droite . .	3 40
— — — à gauche. .	4 40

La première partie de la nef est formée de deux murs, sur chacun desquels sont figurées deux arcades lancéolées, de 4ᵐ de largeur sur 5ᵐ,70ᶜ de hauteur, et percées chacune d'une fenêtre à ogive trilobée. Les fenêtres de gauche sont les deux premières dont j'ai parlé dans ma description extérieure, page 19. La première de droite s'ouvre sur l'extérieur. Son ogive trilobée a disparu dans une réparation inintelligente. La seconde, du même côté, aujourd'hui sans vitrage, mais parfaitement intacte, ouvre sur une chapelle destinée aux fonts baptismaux, construite postérieurement à une époque qui paraît peu éloignée de la date de la construction de l'Eglise. Ainsi, avant l'existence de cette chapelle, adossée à la partie de la nef dont je parle, la fenêtre, aujourd'hui intérieure, s'ouvrait sur l'extérieur, ainsi que la première. Ce qui prouve que cette chapelle a été ajoutée après coup, c'est qu'on a conservé, dans son intérieur, le contrefort A qui soutient ce côté de la nef. D'un autre côté, on ne peut douter que cette construction ne date d'une époque très reculée, car ce sont les mêmes matériaux et le même style architectonique. Cette salle est désignée dans les archives de 1631 sous la dénomination de *Chapelle payenne*.

M. Liot de Nothecourt, dans le *Bulletin historique de la Société des Antiquaires de la Morinie*, 1855, page 243, nous apprend que « contre les murs de certaines églises il existait » anciennement des bâtiments qui servaient de retraites à un » certain nombre de pauvres, et dans lesquels on leur donnait » des aliments achetés du produit de rentes ou de locations » d'immeubles provenant de fondations pieuses. »

Il est probable que cette salle servait alors à cet usage.

La seconde partie jusqu'au chœur se compose de quatre énormes piliers qui supportent la tour et le clocher. Ils sont formés d'un vigoureux pied-droit, flanqué d'un pilastre sur chaque face intérieure. Leur hauteur est de $0^m,50^c$ de base, $2^m,60^c$ de fût, et de $0^m,20^c$ de chapiteaux qui n'ont de saillant que l'abaque.

Une marche conduit de la seconde partie dans la troisième où se trouve le chœur. Elle n'a que deux piliers carrés sans aucune décoration.

La nef entière présente, de chaque côté, quatre ouvertures dont les archivoltes s'appuient sur lesdits piliers.

L'Eglise est voûtée dans toute son étendue en berceau cylindrique, avec la même pierre que les murs. Ces voûtes sont soutenues par des arcs-doubleaux et par de fortes nervures adhérentes aux murs, à leur naissance, pour se réunir en croix au sommet de la voûte.

La voûte du chœur s'étant écroulée en 1685, les curés et les marguilliers de l'église Saint-Michel, ainsi que les habitants de la ville d'Etaples, firent assigner les religieux de l'abbaye de Saint-Josse pour les contraindre au rétablissement du chœur de cette Eglise, et à la fourniture des ornements et des livres nécessaires au service du culte.

Condamnés par défaut, en vertu d'une sentence du bailliage d'Etaples, du 2 août 1685, les religieux de l'abbaye de Saint-Josse interjetèrent appel de ladite sentence au Parlement de Paris.

Dans l'intérêt de leur cause, ils rédigèrent un *factum* dont un exemplaire se trouve à la bibliothèque impériale, dans la collection des manuscrits de Dom Grenier.

Ils présentèrent deux fins de non-recevoir. La première, que « le chœur de l'Eglise d'Etaples ayant été ruiné, il y
» avait plus de six vingts ans, pendant le commencement des
» guerres civiles, et n'ayant été introduit à Saint-Josse que
» depuis environ 25 ans, ils ne pouvaient être condamnés au
» rétablissement du chœur. La seconde, que la fabrique d'E-
» taples, étant riche, on ne pouvait les obliger à fournir les
» ornements et les livres en question. »

Néanmoins, un arrêt du Parlement de Paris, rendu le 31 août 1686, mit l'appel au néant, et condamna les religieux de l'abbaye à la réparation du chœur et du cancel.

Un acte passé pardevant M.e Beaufils, notaire à Etaples, constate que le 26 juin 1696, la première pierre du rétablissement du chœur fut posée par Charles Dauphin, mayeur, Susanne Lesne, son épouse, et Etienne, leur fils, assistés du révérend Dom Jean, religieux de l'abbaye de Saint-Josse, de MM. Maressal et Osmont, curés de la paroisse, des sieurs Jacques Lecat, d'Adrien Levèque, de François Sagnier, échevins, et d'Antoine Lartizien, procureur fiscal, greffier de la ville.

Cette pierre était blanche. On y avait gravé les noms des sieur et dame Dauphin. Elle fut recouverte d'une ardoise, où, selon l'acte, les noms des autres personnes sus-nommées furent écrits par le sieur Dauphin; puis on la déposa sous le pilier qui fait la séparation du chœur et de la chapelle méridionale, tenant à la Chapelle Ponponne.

La minute de M.ᵉ Lefebvre, notaire à Etaples, renferme un acte portant la date du 21 juillet 1701, par lequel M. Osmont, curé, Marin Marteau, conseiller du Roi, marguillier, Antoine Baudelicque, bailli, Charles Dauphin, vice-mayeur, Antoine Wiart, ancien mayeur, et les principaux paroissiens, reconnaissent et certifient que les révérends pères, Prieur, procureurs et religieux de l'abbaye de Saint-Josse-sur-Mer ont dépensé plus de neuf mille livres pour la reconstruction du chœur de ladite Eglise, en leur qualité de gros décimateurs de la paroisse, sans préjudice aux ornements qu'ils sont obligés de fournir, et dont la dépense s'élèvera à plus de mille livres.

Cette reconstruction fut terminée en 1702. Cette date est sculptée sur la pierre qui sert de clé aux nervures du chœur.

Le pavé de l'Eglise, jusqu'à l'entrée du chœur, est en dalles de marbre blanches et violettes, disposées en damier. Les autres parties de l'édifice sont en carreaux de terre rouge, sauf quelques pierres tumulaires dont je parlerai plus loin.

Le chœur, garni de stalles en bois de chêne, était entouré d'une balustrade il y a quelques années. La partie qui fait face à l'autel était surmontée d'un fronton, sculpté à jour, dont la pointe portait un crucifix, représentant Notre-Seigneur Jésus-Christ triomphant et glorifié. Elle était percée d'une porte à deux battants ainsi que les deux portions latérales. Cette balustrade, qui rappelait les anciens jubés, a été remplacée par une grille en bois peint, en forme de lances, grossièrement travaillées et n'étant nullement en harmonie avec les boiseries du grand autel. Les portions dont elles se composaient ont été placées dans différentes parties de l'Eglise. Le crucifix, transformé en calvaire, a été planté dans l'ancien cimetière. Il serait à désirer que ce christ ainsi que ces boiseries fussent remises à leur ancienne place, où elles étaient un des ornements du chœur.

Le grand autel offre une richesse de sculpture sur bois, qu'il serait difficile de décrire pour s'en faire une idée exacte : c'est l'ordre corinthien dans toute son élégance.

Ces boiseries sont l'œuvre d'un nommé Crouy, de Boulogne. Elles ont été commencées en 1703, aux frais des religieux de Saint-Josse, et ont été terminées en 1707.

Les bas-côtés de l'Eglise sont traversés par deux murs qui étaient percés d'une baie très basse, à plein cintre. Ces murs ont été démolis de fond en comble et remplacés par de larges et hautes arcades, dans le but d'éclairer davantage l'Eglise et d'offrir un passage plus commode aux processions. Il eût mieux valu, pour éclairer l'Eglise, rendre aux fenêtres leur dimension primitive, que d'altérer ainsi le style roman dont les bas-côtés offraient un modèle si pur.

Ces bas-côtés renfermaient chacun deux chapelles. La première du bas-côté gauche de la nef, dont le fonds se termine en hémycicle éclairé par trois fenêtres en plein cintre, séparées entre elles par un trumeau étroit et qui de deux mètres au-dessus du sol, s'élevaient jusqu'à la hauteur des voûtes. Les nervures qui s'élancent des murs sont appuyées sur des culs de lampes représentant des sujets symboliques et se réunissent, au point d'intersection de la voûte, sur un écusson où sont sculptées les armes de Jean Avantage, d'après l'armorial du révérend père Daire (1).

---

(1) Jean Avantage naquit à Étaples, port de mer et ville de Picardie. Il fut premier médecin du duc de Bourgogne, chanoine de Cambrai, puis d'Amiens et prévôt de Tournai et de Saint-Pierre-de-Lille. Grâce à la faveur du duc et à son mérite, il fut nommé évêque d'Amiens. Le pape Eugène IV le recommanda au Roi le 6 des calendes d'avril 1437. Le 27 septembre il fit prendre possession de son siège, par Robert de Fontaine, chanoine et official chargé de sa procuration. Le 16 mars sui-

Cette chapelle dédiée à Notre-Dame-de-Foi est en grande vénération parmi la classe maritime. Elle est riche d'*ex-voto*. On s'y rend en pèlerinage le lundi de la Pentecôte.

Après cette chapelle on arrive à l'extrémité du transept. Contre le mur du fonds et sous l'autel portatif dédié à Saint-Jean, on remarque une maçonnerie en craie, recouverte horizontalement d'une pierre (G). On ignorait l'existence de ce monument jusqu'au jour où mon fils Achille, élève du

vant, il fit son entrée dans la cathédrale d'Amiens et demanda au chapitre la permission de porter l'aumuse grise dans le chœur. Le 18 août de la même année, il obtint du Roi un délai pour sa prestation de serment entre les mains de S. M., ce qui eut lieu le 12 avril 1440 dans la ville de Laon, avant la fête de Pâques. Ceux qui le connaissaient regardaient son élévation comme la récompense de son mérite : il était en effet savant et vertueux. Il permit l'établissement d'un couvent de Clarisses cloîtrées dans sa ville épiscopale en 1443. Il visita en 1451 le monastère de Saint-Saulve, et accorda des indulgences à ceux qui le visiteraient le jour de l'anniversaire de la translation des reliques de Saint-Saulve et de Saint-Ingande. Il permit que le *Personnat* de *Pedeto* fût réuni à l'église de Saint-Valoir en l'an 1454. Il se trouva au concile provincial de Reims tenu à Soissons le 11 juillet 1455 par l'archevêque Jean Juvenal des Ursins. Il a fait des Statuts Synodaux, qui ont été imprimés après sa mort. Il mourut le 26 novembre 1456 et fut enterré dans la chapelle des chapelains de la cathédrale d'Amiens.

On lui a élevé un monument sur un pilastre en marbre noir, décoré d'une plaque de cuivre au haut de laquelle paraissent la Sainte Vierge, l'évêque Avantage, et Saint Jean, son patron. L'inscription placée au bas retrace plusieurs traits de sa vie, et fait connaître que ce prélat avait fondé dans la chapelle voisine, une messe perpétuelle qui devait être dite tous les jours après le son de la cloche, sous peine de seize livres d'amende.— (*Gallia christiana*, tom. x, p. 1200. — *Histoire d'Amiens*, par le père Daire, tom ii, p. 56. — *Visite à la cathédrale d'Amiens*, page 33).

Lycée d'Amiens, ayant ouvert le devant d'autel, en fit la découverte. En voici les dimensions :

   Longueur . . . . 0^m 70 ^{c}
   Largeur 0 85
   Hauteur 1 00

y compris la pierre qui a 0 m. 15 c. d'épaisseur.

La date de ce monument remonte à la construction de l'Eglise. Je le regarde comme un de ces autels en forme de sarcophage usités dans les églises romanes et qui devaient être placées sur les reliques de quelque saint.

Cette chapelle fut érigée par une corporation d'ouvriers désignée sous le nom de Confrérie de Saint-Jean-Baptiste. En raison des dépenses qu'elle s'était engagée à faire pour l'entretien de cette chapelle, cette confrérie avait le privilége de « charrier avecq charettes et chevaux quelques sortes de » marchandises que ce soit provenant des vesseaux estant » dans le hasvre de ceste ville (1). »

Une ordonnance du mayeur en date du 30 avril 1608 supprima ce privilége.

Les membres de cette confrérie au nombre de vingt-six, présidés par M. Pasquier-Reculle, curé de la paroisse Saint-Michel, protestèrent contre cette ordonnance, et en appelèrent à la cour du parlement de Paris qui rendit un arrêt par lequel ils furent rétablis dans tous leurs droits et priviléges.

On arrive au clocher par un escalier en hélice, pratiqué dans une cage en pierres adossée au premier pilier de gauche de la nef. Il conduit à la partie supérieure où sont les cloches, et dont elle est séparée par des poutres recouvertes d'un plancher.

---

(1) Minutes de Jean de Hailles, 30 avril et 3 novembre 1608. — *Lartizien*, 2 août 1727.

L'Église possède trois cloches. Les deux plus grosses ont été fondues en 1811 par Garnier père et fils, sous l'administration de MM. Souquet-Marteau, Mairec et Jorre, curé-doyen.

La première, nommée Michel, eut pour parrain Bossus, notaire, et pour marraine Julie Lamour.

La deuxième, nommée Catherine, eut pour parrain Delaporte Théodore, et pour marraine Catherine Bouchart.

La troisième provient de l'église de Notre-Dame-de-Foi.

Les pierres sépulcrales qu'on remarque dans l'intérieur de l'Église recouvrent les restes mortels des familles les plus notables de la paroisse, dont les noms sont inscrits sur les registres de la catholicité de 1610 à 1772.

La plus remarquable de ces pierres est placée contre le premier pilier droit de la nef. Trois autres pierres sont posées dans la chapelle Saint-Hubert. Elles ferment un caveau où sont, dit-on, enterrés les anciens gouverneurs d'Étaples. Il serait à désirer que l'autorité accordât la permission d'ouvrir ce caveau pour s'assurer s'il ne contient pas quelque chose d'intéressant pour l'art ou pour l'histoire.

Les archives de la paroisse ne datent que de 1616. Celles des années précédentes ont été enlevées et déposées à la Tour de Londres en 1435 par les Anglais qui, pour se venger de Philippe, duc de Bourgogne, qui venait d'abandonner leur parti et à qui Charles VII, roi de France, avait cédé le comté de Boulogne, envahi par les Anglais et les Bourguignons réunis, s'avancèrent jusqu'à Étaples qu'ils livrèrent au pillage et aux flammes.

Les revenus de l'Église consistaient en rentes, parfaitement détaillées dans un registre établi par M. Osmont, curé en 1702, affectées sur des immeubles situés à Étaples, Bréxent,

Grigny, Frencq, Longvillers, Villiers, etc., etc., relevant du Roi à cause du château d'Étaples.

Aux revenus propres de la paroisse s'ajoutèrent en 1640 les rentes qui appartenaient à la chapelle du Saint-Sacrement.

A ces revenus il faut ajouter la location des bancs, la concession du droit d'inhumations dans l'Eglise, les quêtes des confréries et le produit des troncs.

Les confréries étaient au nombre de quatre:

Celle de Saint Jean-Baptiste; celles de Saint Hubert, instituée en 1500, du Saint Sacrement, instituée en 1568 et celle de Saint Pierre, instituée en 1669.

Les deux premières n'existent plus, mais on a conservé l'usage des reines.

En 1621, l'Eglise avait sept troncs :

1.° Tronc pour l'entretien de l'Eglise.
2.° — des réédifications.
3.° — du cierge bénit.
4.° — de Saint Hubert, dont le produit était destiné à invoquer ce Saint contre la rage.
5.° — de Saint Adrien, dont le produit était destiné à invoquer la protection de ce Saint contre la contagion.
6.° — des trépassés, pour les prières des morts.
7.° — de la Sainte Vierge, pour l'entretien de son autel.

Il y avait dans la paroisse les Indulgences des Quinze-vingts pendant les fêtes de la Pentecôte.

L'Eglise d'Etaples dépendait autrefois du diocèse de Thérouanne; mais, après la destruction de cette ville, il fut arrêté, par le traité de Cateau-Cambresis en date du 3 avril 1559 entre Henri II, roi de France, et Philippe II, roi d'Espagne, qu'il serait formé deux évêchés de celui de Thérouanne pour être placés l'un à St.-Omer, l'autre à Boulogne.

Par suite de cette décision, Etaples fut comprise dans le diocèse de Boulogne, doyenné de Frencq, prieuré de Saint-Josse.

Depuis le concordat de 1801, qui supprima l'évêché de Boulogne pour le transférer à Arras, Etaples fait partie de ce dernier diocèse.

La cure d'Etaples était anciennement divisée en deux parties désignées dans les actes de nominations par *una portio* et *altera portio*.

Elles furent réunies en une seule cure le 6 janvier 1706.

LISTE DES CURÉS D'ÉTAPLES.

PREMIÈRE PORTION.

1575. Guillaume SUIN, dont la mort amena la nomination de :

1583. Jean TRACHART, clerc du diocèse le 21 février 1583. Deux ans après, il se démit de cette cure entre les mains de M.gr l'évêque de Boulogne, qui nomma le 16 juillet 1585 :

1585. Jean LEMAIRE, que les actes disent être du diocèse de Boulogne et d'Amiens.

1610. Jean GRUMEL.

1613. F.-N. CAMAZET.

1615. Guillaume GODUIN, natif d'Etaples.

1629. F.-G. LEMPEREUR.

1631. A. VOISIN, qui permuta avec :

1631. P. Dusolon, pour un bénéfice inconnu.

1642. T. Wyart. Le 5 février 1651, par acte chez M. Meignot, notaire à Etaples, il résigna cette portion de cure en faveur de :

1651. N. Hurtel. Il eut pour successeur :

1654 à 1706. Antoine Mareschal. Après plus d'un demi-siècle de possession, ce vénérable ecclésiastique, « attendu son grand âge et ses infirmités qui l'em- » pêchaient de desservir sa cure, » donna sa démission entre les mains de M. Lefebvre, notaire apostolique à Etaples, le 5 janvier 1706. Il mourut le 12 du même mois.

DEUXIÈME PORTION.

1578. Robert Laisne, dont la mort amena :

1583. Nicaire Merchier, prêtre du diocèse, chapelain de la chapelle du Saint-Sacrement.

1595. Dom Pierre Marès, religieux de Saint-Germain-des-Prés, près Paris. Nommé curé de Saint-Nicolas, à Boulogne, il prit possession de cette cure le 1.er octobre 1596.

1596. N. . . . .

1608. Pasquier Reculle, dont la mort amena la nomination de :

1648. Nicolas Pluart, chapelain de Notre-Dame.

1661. Antoine Bayart, prêtre du diocèse d'Amiens. Il permuta cette cure contre celle de Sorrus, au diocèse d'Amiens, avec :

1679. Gratien Bachelé, prêtre du diocèse de Boulogne, curé de Sorrus, par suite de la permutation susdite, le 19 juillet 1679. Immédiatement après, Gratien Bachelé permuta sa cure d'Etaples pour la cure d'Inxent, le 21 juillet 1679, avec :

1679. Réné RINGOT. Le 22 juillet 1679, il se fit nommer curé de Beuvrequen et Wacquingben, par permutation avec :

1679. Oudart OHIER, curé de Beuvrequen. Le dernier acte de catholicité signé par lui, porte la date du 20 janvier 1694. Il eut pour successeur :

1694. Philippe OSMONT, qui entra en fonction le 1.er février 1694.

Réunion des deux Portions.

Par mandement de M.gr Pierre de Langle, évêque de Boulogne, du 6 janvier 1706, les deux portions de la cure d'Etaples furent réunies en une seule. M. Philippe Osmont, curé de la deuxième partie, fut nommé curé d'Etaples, et prit possession de cette cure le 12 janvier 1706, par acte passé pardevant M.e Lefebvre, notaire apostolique à Etaples. Le 12 décembre 1714, il fut nommé doyen de la chrétienté de Frencq ; mais il ne jouit pas longtemps de sa dignité, il mourut peu après en 1715.

1715. François GUILLOT, nommé *per obitum* d'Osmont, le 14 février 1715, était licencié en théologie de la faculté de Paris; et, bien que prêtre, il demeurait encore à Paris *ès-Etudes*. Il donna commission à Louis Morel, curé de Saint-Tricast, de prendre en son nom possession des deux portions réunies de la cure d'Etaples, ce qui se fit le 22 février suivant. Il fut nommé doyen le 22 juin 1720, et mourut en 1725.

1725. **François Anseaume**, curé d'Alettes, bachelier en théologie de la faculté de Paris, nommé à cette cure le 25 novembre 1725, par suite de la mort de Guillot. On ignore s'il prit prossession de cette cure, car il donna sa démission ; il fut remplacé le 17 janvier 1726, par :

1726. **Antoine Bouilly**, curé d'Attin. Il prit possession de cette cure le 24 janvier, à condition que sur les revenus des deux portions de la cure, le curé payerait en entier et à ses dépens les 150 liv. revenant au vicaire et à ses successeurs, chacun an, et que jamais le vicaire ne serait à la charge des paroissiens ; à condition encore que le curé ferait homologuer en parlement, à ses frais, la sentence de réunion des deux portions de cure en une, ce qu'il a accepté. (Le vicaire était à cette date, François de Lattre.)

1751. **Grégoire-Joseph Doresmieux** succéda à Bouilly au commencement de l'année 1751. Il était curé de Marenla depuis 1729. Il donna sa démission de la cure d'Etaples, le 3 juin 1751, et reprit sa cure de Marenla où il resta jusqu'en 1771.

1751. **Louis-Marie Deldrève** fut nommé le 7 juin 1751, par suite de la démission du précédent.

1776. **Hennequin** prit possession de la cure d'Etaples le 9 mars 1776, par acte passé pardevant M⁰ Becquet, notaire apostolique. Hennequin et Guerville, son vicaire, moururent tous le 7 juin 1776, victimes de leur dévouement dans l'épidémie qui ravageait Etaples. Martin Lecat, vicaire de Boulogne, périt aussi de la même mort en venant donner ses soins à ses compatriotes. Hennequin fut remplacé par :

1776. WAVRAN. Il prit possession de la cure d'Étaples le 14 juin 1776, par acte passé pardevant M.ᵉ Becquet. Il prêta serment à la constitution civile du clergé le 23 janvier 1792. Il fut maintenu en possession de sa cure par les électeurs du district réunis à Boulogne en cette même année. Le 28 octobre 1795 il obtint l'ouverture de l'Église Saint-Michel pour le service du culte catholique. Il mourut le 11 avril 1799.

1799. CODRON, vicaire de la paroisse depuis le mois de juin 1791, remplit les fonctions de curé d'Étaples, sans nomination légale, jusqu'en 1803, où il fut nommé curé de Camiers.

1803. BALLIN, nommé curé d'Étaples, signa le 1.ᵉʳ acte de son ministère le 26 mars 1803. Il eût pour successeur :

1806. LOUIS-FRANÇOIS JOBRE, qui entra en fonction le 18 octobre 1806. Sa mort, qui eut lieu le 4 juillet 1820, amena la nomination de :

1820. Constant LEDIEU, vicaire de Montreuil. Il prit possession de cette cure le 3 octobre 1820, qu'il conserva jusqu'à sa mort. Il succomba le 12 octobre 1849 victime de son zèle évangélique à secourir les cholériques. Il fut dignement remplacé par :

1849. M. HANQUER, curé-doyen de Lumbres, dont les vertus chrétiennes lui ont acquis déjà l'estime et l'affection de ses paroissiens.

Amiens. — Imp. de DUVAL et HERMENT, place Périgord, 3.

www.ingramcontent.com/pod-product-compliance
Lightning Source LLC
Chambersburg PA
CBHW061007050426
42453CB00009B/1310